A tous ceux qui cherchent…

Passeport pour une Nouvelle Identité En Christ.

Mikaël REALE

Illustration: **Mare Nostrum Project**
© 2016 Mikaël REALE/VLED

Edition : BoD—Books on Demand
12/14 rond-point des Champs Elysées
75008 Paris
Imprimé par BoD – Books on Demand, Norderstedt

ISBN : 9782322131662

Dépôt légal : Novembre 2016

Mais où étais-tu donc, Fils ?

J'aime bien, lorsque j'entame la rédaction d'un livre, commencer par mon propre vécu. Je pense que nos expériences nous permettent, à terme, d'écrire sans que cela ne soit que simple théorie. Je vais donc partager avec vous une expérience qui a bouleversé ma vie et mon ministère, il y a quelques années.

Pour remettre cette anecdote dans son contexte, laissez-moi vous expliquer la situation de l'époque.

En 1995, avec toute la famille, nous étions partis comme missionnaires à Madagascar.
Sur place, nous avions implanté une œuvre qui se développa assez rapidement. Après que nous eûmes établi une première église dans mon garage, Dieu nous donna une stratégie de développement qui porta rapidement du fruit en abondance.

Cela nous amena à former, mais aussi à déverser notre cœur dans les cadres futurs de cette œuvre. Dieu nous montra des couples dans lesquels Il nous demandait d'investir. Durant trois années, tout en développant les églises et l'aspect social et humanitaire de ce projet, nous avions veillé à établir des relations très fortes avec ceux qui un jour nous remplaceraient sur le terrain. Je reparlerai de cela dans un chapitre suivant.

Après trois ans, nous avions implanté quatre églises, une école chrétienne, un orphelinat, et formé une centaine de responsables pour différentes églises du pays. C'est à ce moment, après que j'ai fait deux crises graves de neuro-paludisme en une année, que nous avons déménagé sur l'île de la Réunion.

Ce fut très difficile pour moi de quitter Madagascar. J'avais « trimé » dur pour en arriver là et le travail était loin d'être fini. Je voulais continuer et voir cette œuvre prospérer. Il fallut que je me retrouve sur un lit d'hôpital en France, à deux doigts de la mort selon le médecin, pour enfin lâcher prise lorsque le Saint-Esprit me donna le Psaume 127 à lire :

> « *Si l'Éternel ne bâtit la maison,*
> *Ceux qui la bâtissent travaillent en vain ;*
> *Si l'Éternel ne garde la ville,*
> *Celui qui la garde veille en vain.*
> *En vain vous vous levez de bon matin, vous vous couchez tard, et vous mangez le pain de douleur ;*
> *Il en donne autant à ses bien-aimés pendant leur sommeil.*
> *Voici, des fils sont un héritage de l'Éternel*
> *Le fruit des entrailles est une récompense.*
> *Comme les flèches dans la main d'un guerrier,*
> *Ainsi sont les fils de la jeunesse.*
> *Heureux l'homme qui en a rempli son carquois !*
> *Il ne sera pas confus,*
> *Quand ses fils parleront avec des ennemis à la porte.* »

Vingt ans plus tard, cette œuvre que nous avons implantée à Tamatave (Madagascar) est toujours aussi florissante. Bien plus qu'elle ne l'aurait été si je m'y étais accroché !

Notre installation la Réunion en 1998 fut marquée par le miracle de Dieu. Une fois de plus nous commencions dans notre salon une petite église de maison. De nouveau Dieu nous donna une stratégie et cette œuvre prit de l'essor rapidement. Après quelques mois, nous ouvrions une deuxième, puis une troisième église dans l'île. En 18 mois, nous avions célébré plus de 200 baptêmes.

Le succès de « mon » ministère me permit bientôt d'être invité à l'île Maurice où je me rendais tous les deux mois pour aider des églises naissantes et former des responsables. J'étais aussi régulièrement invité en France, en Angleterre, en Belgique, en Israël.

J'écrivais mon deuxième livre à cette époque et j'avais beaucoup de projets : ouvrir un centre de formation missionnaire à la Réunion pour équiper des gens venus de toute la francophonie, une école chrétienne, enregistrer un CD avec notre groupe de louange, etc. Il semblait que rien ne pouvait arrêter ce temps de « Réveil » que nous vivions.

Pourtant, en l'espace de quelques semaines, à la suite d'un décès accidentel dans l'assemblée, et du travail de sape exercé depuis des mois par une personne mal intentionnée de l'équipe de responsables, je dus fermer l'une des églises que j'avais fondées. Une autre église décida de quitter l'œuvre que je dirigeais. Les projets d'école chrétienne et de formation missionnaire durent être abandonnés. Les pires calomnies se mirent à circuler à notre sujet. Les amis que nous pensions avoir, dans le ministère, semblaient se détourner de nous les uns après les autres. Les gens que nous avions amenés au Seigneur ne nous adressaient plus la parole…

Nous avons alors décidé, avec mon épouse Cathy, de prendre une année sabbatique, mais cela ressemblait plus à une fuite en avant qu'au repli stratégique que je donnais en explication aux membres de l'équipe.

Dieu ouvrit une porte pour nous permettre de nous rendre en Angleterre, dans une église dans laquelle j'avais eu l'occasion de prêcher quelques mois plus tôt.

Peu après notre arrivée, une parole me fut donnée lors d'une réunion de prière chez des amis de l'église locale : « *Dieu t'a conduit auprès des eaux paisibles, il va restaurer ton âme, puis il te conduira sur les sentiers de sa justice, à cause de son Nom* » (Psaume 23)

N'ayant plus de soutien économique, je dus trouver un emploi et c'est dans une station-service que j'atterris. Je faisais le dernier horaire, de 18 à 23 heures. Je passais des cartes de crédit dans la machine toute la soirée.

Après avoir eu les responsabilités qu'étaient les miennes dans l'océan Indien, ce travail me semblait être une déchéance. J'étais passé du statut de directeur d'une œuvre internationale en plein succès à celui de travailleur immigré ! Et c'est en effet ce que j'étais.

C'est bizarre comment les choses sont parfois énoncées. Un blanc qui part chercher du travail à l'étranger, c'est un expatrié, un noir qui fait la même chose, c'est un immigré !

Je compris vite que dans mon cas, ce serait la même chose. Très rapidement j'ai reçu dans le cœur une compassion nouvelle pour ceux qui sont « étrangers parmi nous » et dont Dieu nous demande de prendre soin. *« Tu n'exploiteras pas l'étranger qui vit dans ton pays et tu ne l'opprimeras pas, car vous avez été vous-mêmes étrangers en Égypte »*. (Exode 22-20)

Cette nouvelle condition était très éprouvante et je glissai peu à peu dans la dépression. Avec la perte de mon « ministère », de ma position sociale au sein du corps de Christ, c'est le goût de vivre que j'avais perdu. Je ne priais plus, je n'ouvrais plus la bible et je ne me rendais à l'église que pour mes enfants.

Je passais le plus clair de mon temps assis sur le canapé à attendre l'heure de partir travailler. J'essayais de faire bonne figure aux yeux de ma famille, de mes amis, des gens que je rencontrais, mais personne n'était dupe. Je me sentais inutile pour le Royaume, pour mes enfants, pour ma femme. À quoi bon prétendre que j'étais un serviteur de Dieu en année sabbatique, je n'étais plus qu'un pompiste à temps partiel qui n'arrivait pas à nourrir sa famille.

Cette situation dura trois mois environ jusqu'à ce qu'un soir, le Seigneur fasse irruption dans ma station-service.

Il n'y avait pratiquement personne dans les rues, car une pluie fine et glaciale avait poussé les plus courageux à rentrer tôt. L'ennui m'avait saisi et il me restait encore deux heures avant de pouvoir fermer. N'ayant rien à faire je me suis mis à prier, plus machinalement que consciemment d'ailleurs. C'était comme si mon esprit, que j'avais frustré de prière depuis si longtemps, avait profité de l'apathie de mon âme pour se reconnecter avec Dieu.

Et il n'en fallait pas plus pour que le Seigneur vienne à ma rencontre. L'atmosphère de la pièce changea du tout au tout et avant même que je ne le réalise, Dieu s'adressait à moi. « *Mais où étais-tu donc, fils ?* »

Si le fait que Dieu me parle me stupéfia, (cela ne m'arrive pas souvent qu'Il s'adresse à moi de façon audible), la question qu'Il posait me mit en colère !
Comment ça « où étais-je ?!? » J'avais passé les six dernières années sur le champ missionnaire, j'avais épuisé ma famille, j'avais failli y laisser ma vie plusieurs fois, je n'avais pas pris plus de trois semaines de vacances en six ans et pas toujours une journée de congé par semaine et Dieu me demandait où j'étais.
Avant même d'avoir fini de dresser la liste de tout ce que j'avais fait, la présence de Dieu avait disparu.

Cependant, le fait d'avoir goûté à la présence de Dieu après tant de mois de bouderie me poussa à me remettre à prier.

Dieu est bon, Il revint, comme la première fois, avec la même question, mais ma réaction fut hélas la même. Je ne pouvais supporter l'idée que le travail que j'avais accompli et que le prix que j'avais payé ne soit pas reconnu. J'essayais de vaquer à mes occupations dans la station, rangeant les présentoirs et nettoyant mon comptoir, mais très vite je me rendis à l'évidence que je passais à côté de quelque chose d'essentiel.
Je me remis à prier en lui demandant pardon de mon attitude. Je ne me laisserais pas aller à la colère une fois de plus.
Dieu revint alors et, patiemment, il me reposa la même question. « *Mais où étais-tu donc, fils ?* »
Cette fois-ci, le Saint-Esprit attira mon attention sur le mot clé de la question que Dieu me posait :... *fils !*

Bien sûr que Dieu savait où j'avais été durant ces années. Il avait assisté à tout, se réjouissant avec moi des succès et s'attristant avec moi de mes échecs. Mais quelque chose d'essentiel avait manqué à notre relation : je ne venais plus à lui comme un fils !

Le Saint-Esprit fit passer devant mes yeux les nombreuses fois où j'avais prié durant ces dernières années. Je constatai que le plus souvent, si ce n'était à chaque fois, j'étais venu vers Lui pour demander quelque chose.

Demander un bon message pour l'église, des finances pour l'œuvre, de l'onction pour mon ministère, des solutions pour les problèmes, la guérison pour les gens, etc.

Je me sentais un peu honteux. Ne venais-je à Dieu que pour obtenir quelque chose ?

Dieu me rappela, dans un passé bien plus lointain, les temps où je venais juste pour être avec lui, dans la louange et l'adoration. Juste pour partager un moment avec lui, parce que je l'aimais, parce que j'aimais sa présence, parce qu'Il était mon Père, parce que j'étais son fils.

Le Saint-Esprit me dit alors : « *Le Père a donné son Fils unique pour être réconcilié avec toi et que tu deviennes son fils, pas un employé de sa maison* ».

En fait, c'était la deuxième fois que Dieu me disait que je lui avais manqué. La première fois, alors que j'œuvrais pour la préparation d'une convention dans l'océan Indien, Dieu m'avait mis à part pour me parler de Père à fils.

Trois semaines avant que cette conférence ne commence, le Centre où elle devait se tenir m'informa qu'il ne pourrait plus nous accueillir.

Au bord de la panique, je m'étais résolu à prendre trois jours de jeûne et de prière, seul dans la montagne. J'avais loué une chambre d'hôte et je m'étais isolé du monde. Mais impossible d'intercéder pour la convention !

J'avais par contre passé trois jours super dans sa divine présence, mais je n'avais pas compris que cela ne devait pas être une simple parenthèse dans mon quotidien. Très vite, j'étais reparti dans un activisme acharné.

Je réalisai, dans ma station-service, que j'avais raté, déjà à cette époque, l'occasion de rectifier le tir.

Dieu avait alors tout simplement ôté ce qui faisait obstacle à notre relation : mon ministère !

Cette révélation me permit en l'espace d'une soirée de sortir de mon état de dépression, et de faire de cette année sabbatique une année de « Grâce de l'Eternel » !

Dans cette station-service, je me mis à louer Dieu et je découvris que ce lieu pouvait être l'endroit le plus merveilleux de la terre si j'y invitais Dieu. C'est là que je me mis à rédiger mon livre « Poursuivi par ta Grâce », et c'est là que j'ai vraiment réalisé que Dieu est…

Un Dieu de Relations.

Dès les premiers chapitres de la Genèse, et tout au long de la Bible, nous pouvons constater que l'Éternel est un Dieu de relations et que les relations sont au cœur du projet de Dieu ! Lisons ensemble quelques versets de Genèse 3

Verset 18 : *« L'Eternel Dieu dit : Il n'est pas bon que l'homme soit seul ; je lui ferai une aide qui sera son vis-à-vis »*. Dieu constate, en contemplant l'homme que celui-ci ne peut rester seul. La question ne se pose pas pour le reste de sa création, mais uniquement pour celui qui est créé à son image. En effet, l'homme semble avoir des besoins similaires à ceux de son Créateur dont il est le reflet.

Dieu va donc donner à Adam une femme qui lui ressemble et sera son vis-à-vis parce que de la même nature que lui.

Je vais faire ici une petite parenthèse au sujet du mariage. On peut lire dans Genèse que pour créer l'homme, Dieu le fait à son image. Or, Dieu n'est ni homme ni femme ! Certains noms de Dieu son typiquement masculins, d'autre typiquement féminins. El Shaddai par exemple fait référence au sein nourricier d'une femme. Nous pouvons donc en déduire que l'être humain créé à l'image de Dieu n'était lui aussi ni homme ni femme, mais plutôt l'hybride des deux.

Lorsque Dieu va créer la femme, il ne va pas le faire à partir du « mâle » (une côte), mais à partir d'un humain à son image. Le mot côte peut d'ailleurs se traduire par côté. En fait, Dieu sépare le masculin du féminin dans l'être humain qu'il a créé pour qu'homme et femme soient de même nature et interdépendants.

Il instaure dans la foulée la première institution qui régira les relations humaines : Le Mariage. « *C'est pourquoi l'homme quittera son père et sa mère, et s'attachera à sa femme, et ils deviendront une seule chair.* » Genèse 2-24. C'est une chose intéressante à méditer ces jours-ci.

Mais Dieu a aussi créé les hommes pour répondre à son besoin personnel de relation, et donc à son image, pour avoir un vis-à-vis qui lui ressemble. Durant les premiers chapitres de la Genèse, nous Le voyons visiter quotidiennement Adam et Ève. Il fait partie intégrante de la vie du couple initial de l'humanité.

Hélas, le premier d'une interminable liste de péchés intervient. Nous connaissons tous les conséquences spirituelles qui en découlent : Romain 6 : 23 « *Car le salaire du péché c'est la mort* ». Bien que cette mort ne se manifeste pas immédiatement physiquement, la conséquence qui en découle est la déchirure qui survient dans les relations humaines et dans la relation avec Dieu.

Tout d'abord la crainte s'installe. Genèse 3-10 : « *J'ai entendu ta voix dans le jardin, et j'ai eu peur, parce que je suis nu, et je me suis caché.* » L'homme ressent de la honte et de la crainte. Il est intéressant de constater que cela va conduire à la première mort du récit de la création qui est aussi premier sacrifice d'expiation : l'animal que Dieu va tuer pour recouvrir de sa peau la nudité d'Adam et d'Ève et la honte qui en découle.

Puis vient l'accusation, qui suit toujours de près la crainte ! Adam, après avoir déclaré que la femme était chair de sa chair, os de ses os, se désolidarise (divorce) totalement d'elle devant leur responsabilité et il l'accuse. Verset 12 : « *La femme que tu as mise auprès de moi m'a donné de l'arbre, et j'en ai mangé* ».

Autrement dit, c'est la faute de la femme. Non pas MA femme, la chair de ma chair, les os de mes os, mais LA femme que TU as mise à mes côtés. Ce n'est donc pas de ma faute, mais celle des autres.

Dès ce jour, les relations humaines vont s'empoisonner, un premier fratricide, puis les guerres, les meurtres, les génocides, l'avortement, le suicide, etc...

La plupart de ces fruits empoisonnés sont encore aujourd'hui issus de nos craintes. La crainte de l'autre, celle d'être exclu, celle de manquer. Combien de nos relations sont empreintes de crainte aujourd'hui, même avec les gens que nous aimons le plus. Pourtant, « *l'amour parfait bannit la crainte* » !

Ayant acquis la connaissance du bien est du mal, l'humanité ne peut qu'être terrorisée devant la sainteté de Dieu qu'elle ne partage plus. Alors s'installe avec le divin une relation pervertie par l'orgueil, qui amène Dieu à ne pas agréer le sacrifice offert par Caïn. Celui-ci, plutôt que d'accepter les recommandations pleines d'amour de Dieu, se jette dans le péché par rébellion et assassine son frère !

Dès lors, les sentiments de peur et d'orgueil seront toujours au cœur des relations que nous avons, avec l'humain comme avec le divin.

Mais Dieu a un plan qui lui permettra de rétablir cette relation. Il jettera une passerelle au-dessus du gouffre que Satan a creusé entre lui et l'humanité. Cette passerelle a la forme de la Croix du calvaire sur laquelle Jésus offrira sa vie pour nous réconcilier avec le Père et avec le reste de l'humanité. C'est grâce à elle que nous avons la vie éternelle Romain 5:10 « *Car si, lorsque nous étions ennemis, nous avons été réconciliés avec Dieu par la mort de son Fils, à plus forte raison, étant réconciliés, serons-nous sauvés par sa vie* ».

De cette réconciliation découle la clef de voûte de l'autorité à laquelle nous pouvons prétendre quand nous sommes sauvés : notre identité.

Qui dites-vous que je suis ?

Vous connaissez certainement ce passage de l'évangile où Jésus pose la question à ses disciples. Matthieu 16 : 13 à 18 :

« Jésus, étant arrivé dans le territoire de Césarée de Philippe, demanda à ses disciples : Qui suis-je aux dires des hommes, moi le Fils de l'homme ? Ils répondirent : les uns disent que tu es Jean-Baptiste ; les autres, Élie ; les autres, Jérémie, ou l'un des prophètes.

Et vous, leur dit-il, qui dites-vous que je suis ? Simon Pierre répondit : tu es le Christ, le Fils du Dieu vivant » !

Jésus n'avait certainement pas un problème d'identité pour demander à ses disciples de lui confirmer qui Il était. Cependant, le fait qu'ils reçoivent et comprennent cela était primordial pour que la suite de leur ministère soit à la hauteur du sacrifice qu'Il allait leur offrir.

Ce n'est en effet qu'après cette révélation qu'Il leur dévoilera le plan du salut : versets 18 & 21 : *« Jésus, reprenant la parole, lui dit : Tu es heureux, Simon, fils de Jonas ; car ce ne sont pas la chair et le sang qui t'ont révélé cela, mais c'est mon Père qui est dans les cieux. Et moi, je te dis que tu es Pierre, et que sur ce roc (cette déclaration de Pierre au sujet de l'identité de Jésus) je bâtirai mon Église, et que les portes du séjour des morts ne prévaudront point contre elle... Dès lors Jésus commença à faire connaître à ses disciples qu'il fallait qu'il aille à Jérusalem, qu'il souffre beaucoup de la part des anciens, des principaux sacrificateurs et des scribes, qu'il soit mis à mort, et qu'il ressuscite le troisième jour ».*

Si le diable avait convaincu les religieux de l'époque de ne tuer qu'un « prophète », il n'aurait été pourvu à aucun salut. Combien de prophètes de Dieu étaient déjà morts ?

Matthieu 23 : 31 : « *Vous témoignez ainsi contre vous-mêmes que vous êtes les fils de ceux qui ont tué les prophètes* ». Un prophète tué de plus ou de moins ne changerait rien ! Mais tuer le fils de Dieu allait changer toute la donne : Celui-ci est l'Agneau immolé !

Au commencement, avant même de lui confier la puissance nécessaire pour accomplir son ministère, Dieu atteste de l'identité de Jésus. Matthieu 3 : 16 & 17 : *Dès que Jésus eut été baptisé, il sortit de l'eau. Et voici, les cieux s'ouvrirent, et il vit l'Esprit de Dieu descendre comme une colombe et venir sur lui. Et voici, une voix fit entendre des cieux ces paroles : celui-ci est mon Fils bien-aimé, en qui j'ai mis toute mon affection ».*

Nous devons comprendre que le sacrifice de Jésus ne prend de valeur que s'Il est le Fils de Dieu. Accepter que Jésus soit un prophète, un homme de Dieu, accepter sa mort même, sans réaliser qui Il est, ne sert à rien !

Il est intéressant de noter que lorsque Satan est venu tenter Jésus dans le désert, il n'a pas remis en question la puissance de l'onction qui était descendue sur lui au moment de son baptême et qui faisait de lui un prophète, un sacrificateur et un roi. Non il a re mis en question sa filiation. Matthieu 4 ; 3 : « *Si tu es Fils de Dieu, ordonne que ces pierres deviennent des pains… Si tu es Fils de Dieu, jette-toi en bas…* » Et cela durera jusqu'à l'ultime moment sur la croix : Matthieu 27 : 40 : « *Si tu es le Fils de Dieu, descends de la croix* » !

Il est impératif de comprendre que si Jésus n'est pas le fils de Dieu, non seulement son sacrifice serait vain, mais tout ce qu'Il a accompli comme tous ses enseignements seraient mensonges.

En effet, le désir avoué du diable est que nous l'adorions à la place de Dieu. Tous ses démons ont le même désir et se font passer pour dieux.
Satan a même essayé de persuader le Fils de Dieu lui-même de l'adorer : Matthieu 4 ; 8 à 10 : « *Le diable le transporta encore sur une montagne très élevée, lui montra tous les royaumes du monde et leur gloire, et lui dit : Je te donnerai toutes ces choses, si tu te prosternes et m'adores. Jésus lui dit : retire-toi, Satan ! Car il est écrit : Tu adoreras le Seigneur, ton Dieu, et tu le serviras lui seul* ».

On voit bien ce que font ceux qui servent Dieu quand on veut les adorer :

Actes 14 : 13 à 15 : «*A la vue de ce que Paul avait fait, la foule éleva la voix, et dit en langue lycaonienne : Les dieux sous une forme humaine sont descendus vers nous. Ils appelaient Barnabas Jupiter, et Paul Mercure, parce que c'était lui qui portait la parole. Le prêtre de Jupiter, dont le temple était à l'entrée de la ville, amena des taureaux avec des bandelettes vers les portes, et voulait, de même que la foule, offrir un sacrifice. Les apôtres Barnabas et Paul, ayant appris cela, déchirèrent leurs vêtements, et se précipitèrent au milieu de la foule, en s'écriant : Oh hommes, pourquoi agissez-vous de la sorte ? Nous aussi, nous sommes des hommes de la même nature que vous ; et, vous apportant une bonne nouvelle, nous vous exhortons à renoncer à ces choses vaines, pour vous tourner vers le Dieu vivant, qui a fait le ciel, la terre, la mer, et tout ce qui s'y trouve* ».

Apocalypse 19 : 10 «*Alors je me mis à genoux aux pieds de l'ange pour l'adorer. Mais il me dit : "Attention, ne fais pas cela ! Je suis un serviteur comme toi et comme tes frères et tes sœurs qui sont les témoins de Jésus. C'est Dieu que tu dois adorer." Oui, être témoin de Jésus, c'est annoncer que les prophètes ont dit la vérité* ».

Apocalypse 22 : 9 «*Mais l'ange me dit : «Attention, ne fais pas cela ! Je suis serviteur comme toi, comme tes frères et sœurs prophétesses, et comme ceux qui obéissent aux paroles contenues dans ce livre. C'est Dieu que tu dois adorer* ».

Jésus, connaît évidemment le plus important des commandements qu'Il rappelle dans Luc 4 : 8 «*Il est écrit : Tu adoreras le Seigneur, ton Dieu, et tu le serviras lui seul ».* Il est clair que s'Il avait accepté pour lui-même l'adoration des hommes sans être pleinement Dieu, Il se serait mis au rang des troupes du Diable. Rien de ce qui venait de lui ne serait bon !

Or, Jésus a accepté l'adoration de ses disciples sans les reprendre :

Matthieu 2 : 11 « *Ils entrèrent dans la maison, virent le petit enfant avec Marie, sa mère, se prosternèrent et l'adorèrent ; ils ouvrirent ensuite leurs trésors, et lui offrirent en présent de l'or, de l'encens et de la myrrhe* ».

Matthieu 14 : 33 : « *Ceux qui étaient dans la barque vinrent adorer Jésus, et dirent : tu es véritablement le Fils de Dieu* ».

Matthieu 28 : 17 « *Quand ils le virent, ils l'adorèrent* ».

Dieu n'aurait jamais laissé quiconque usurper son identité et recevoir l'adoration qui lui est due sans réagir ! Il est donc évident que Jésus est légitimement en droit d'être adoré du fait de son identité.

C'est Dieu, fait homme et mort pour nos péchés qui nous permet aujourd'hui de crier :

ABBA, PÈRE !

De nombreux chrétiens ont une vision bien floue de qui ils sont en Christ. Or, c'est de cela que dépend beaucoup notre vie de tous les jours.

Vivant par la foi depuis des années, j'ai parfois été confronté à la disette. Souvent je me suis posé des questions sur la façon dont j'allais nourrir ma famille, la loger, prendre soin des miens... etc. C'est quelque chose de normal pour un père de famille. Les disciples d'ailleurs ont fait de même et Jésus leur a dit de ne pas s'inquiéter.

Souvent des gens me disaient : « ne t'inquiète donc pas, Dieu va pourvoir » ! Cela avait le don de m'exaspérer ! Facile à dire pour eux qui ne manquaient de rien, avec un logement, un bon travail, et des sous sur leur compte en banque. Plus compliqué quand tu vis à Madagascar avec 200 euros par mois... les bons mois !

Il semblait que je n'arrivais pas à saisir un truc !

Ce truc qu'enseigna Jésus à ses disciples quand ils commencèrent à s'inquiéter dans Luc 11 : 11 à 13 : *« Quel est parmi vous le père qui donnera une pierre à son fils, s'il lui demande du pain ? Ou, s'il demande un poisson, lui donnera-t-il un serpent au lieu d'un poisson ? Ou, s'il demande un œuf, lui donnera-t-il un scorpion ? Si donc, méchants comme vous êtes, vous savez donner de bonnes choses à vos enfants, à combien plus forte raison le Père céleste donnera-t-il le Saint-Esprit à ceux qui le lui demandent. »*

Je me suis demandé longtemps, en lisant ce texte, pourquoi Jésus met l'accent sur le Saint-Esprit, comme étant le don de base que Dieu voulait donner à ses enfants, au même titre qu'un père naturel donne à manger aux siens.

La raison de cela, c'est que ce Saint-Esprit promis est le seul à nous apporter la certitude de notre identité d'enfants de Dieu. Romains 8 : 14 à 16

« Tous ceux qui sont conduits par l'Esprit de Dieu sont fils de Dieu. Et vous n'avez point reçu un esprit de servitude, pour être encore dans la crainte, mais vous avez reçu un Esprit d'adoption, par lequel nous crions : Abba! Père! L'Esprit lui-même rend témoignage à notre esprit que nous sommes enfants de Dieu. »

La bénédiction de Dieu, notre autorité, la capacité de faire des miracles, ne dépend pas tant de ce que nous faisons, mais de QUI nous sommes. Nous sommes cohéritiers de Christ parce que nous avons été adoptés par le Père de Christ !

Quand un enfant est adopté, il change d'identité pour prendre celle de ses nouveaux parents. Sur son état civil, il devient fils de l'adoptant. Son passé est effacé et son avenir s'inscrit dans une nouvelle identité. Savez-vous que légalement, celui qui est adopté dispose des mêmes droits et devoirs qu'un enfant qui serait né biologiquement de ses parents ? Sa part d'héritage sera la même.

Autre chose, cette filiation ne peut pas être rompue par l'adoptant. Seul l'adopté peut s'en dégager sous certaines conditions.

C'est exactement ce qui se passe lors de la nouvelle naissance !

Nous devenons pleinement héritiers avec Christ, par le décret d'adoption du Saint-Esprit lors de notre nouvelle naissance ! Non seulement nous recevons les nations, jusqu'aux extrémités de la terre, Psaume 2 : 7 et 8 « *Je publierai le décret ; L'Éternel m'a dit : tu es mon fils ! Je t'ai engendré aujourd'hui. Demande-moi et je te donnerai les nations pour héritage, les extrémités de la terre pour possession* », mais Dieu nous confie aussi l'autorité qui va avec cet héritage. Luc 10 : 17 à 20 : « *Les soixante-dix revinrent avec joie et dirent : Seigneur, les démons mêmes nous sont soumis en ton nom. Il leur dit : je voyais Satan tomber du ciel comme un éclair. Voici : je vous ai donné le pouvoir de marcher sur les serpents et les scorpions et sur toute la puissance de l'ennemi, et rien ne pourra vous nuire. Cependant, ne vous réjouissez pas de ce que les esprits vous soient soumis, mais réjouissez-vous de ce que vos noms soient inscrits dans les cieux* ».

Comme je l'explique dans mon livre précédent « Poursuivi par ta Grâce ! », ce droit nous est acquis dès la fondation du monde. Le fait de comprendre que Dieu n'a programmé personne pour l'enfer nous prouve l'amour qu'il a pour nous tous. Il veut qu'aucun de nous ne se perde : 1 Timothée 2 : 3 et 4 « *Cela est bon et agréable devant Dieu notre Sauveur, qui veut que*

tous les hommes soient sauvés et parviennent à la connaissance de la vérité ». Il a prévu, avant même la chute, le moyen de sa grâce. Apocalypse 13 : 8 *« l'Agneau immolé dès la fondation du monde »*.
L'acte d'adoption était écrit, il ne nous manquait qu'à le signer.

C'est un droit de naissance que tous, sur cette terre et pour toutes les générations, nous avons reçu.

Droit de naissance !

Ou la parabole du fils prodigue. Luc 15 :

« Il dit encore : Un homme avait deux fils. Le plus jeune dit à son père : mon père, donne-moi la part de la fortune qui doit me revenir. Et le père leur partagea son bien. Peu de jours après, le plus jeune fils rassembla tout ce qu'il avait et partit pour un pays lointain où il dissipa sa fortune en vivant dans la débauche. Lorsqu'il eut tout dépensé, une grande famine survint dans ce pays, et il commença à manquer (de tout). Il se lia avec un des habitants du pays, qui l'envoya dans ses champs faire paître les pourceaux. Il aurait bien désiré se rassasier des caroubes que mangeaient les pourceaux, mais personne ne lui en donnait. Rentré en lui-même, il se dit : combien d'employés chez mon père ont du pain en abondance, et moi ici, je péris à cause de la famine. Je me lèverai, j'irai vers mon père et lui dirai : Père, j'ai péché contre le ciel et envers toi ; je ne suis plus digne d'être appelé ton fils ; traite-moi comme l'un de tes employés. Il se leva et alla vers son père. Comme il était encore loin, son père le vit et fut touché de compassion, il courut se jeter à son cou et l'embrassa.

Le fils lui dit : Père, j'ai péché contre le ciel et envers toi, je ne suis plus digne d'être appelé ton fils. Mais le père dit à ses serviteurs : apportez vite la plus belle robe et mettez-la-lui ; mettez-lui une bague au doigt, et des sandales pour ses pieds. Amenez le veau gras, et tuez-le. Mangeons et réjouissons-nous ; car mon fils que voici était mort, et il est revenu à la vie ; il était perdu, et il est retrouvé. Et ils commencèrent à se réjouir ».

Il est vraiment merveilleux de voir ce que Dieu nous a donné en Jésus-Christ. Combien de fois ai-je lu ce texte et toujours il m'a ému au plus haut point.

Savoir que, malgré toutes nos erreurs, nous avons la possibilité de revenir à Dieu et que celui-ci est toujours prêt à nous pardonner, nous accueillir, nous laver de nos péchés… et nous restaurer dans notre identité.

Reprenons un peu cette histoire ensemble.

Versets 17 à 19 *« Alors il se mit à réfléchir sur lui-même et se dit : "Tous les ouvriers de mon père peuvent manger autant qu'ils veulent, alors que moi, je suis ici à mourir de faim ! Je vais me mettre en route, j'irai trouver mon père et je lui dirai : mon père, j'ai péché contre Dieu et contre toi".*

Voici un fils qui veut bien faire. Il pense qu'il est bon pour lui de retourner vers son père. Il a réalisé pleinement sa faute et se repent. Cependant, conscient de la gravité de sa faute, il croit être définitivement disqualifié en tant que fils. Il est en pleine crise d'identité. *"Je ne mérite plus d'être considéré comme ton fils. Accepte-moi comme l'un de tes ouvriers".*

Mais le Père n'a cure de laisser son fils ainsi !
"Apportez vite la plus belle robe et mettez-la-lui ; mettez-lui une bague au doigt et des sandales aux pieds. Amenez le veau engraissé et abattez-le. Mangeons, faisons la fête, car mon fils que voici était mort, et il a repris vie ; il était perdu, et il a été retrouvé !"

Un détail m'a longtemps échappé, c'est cette histoire de bague que le Père veut que l'on mette au doigt de son fils. C'est en revoyant le Film "BEN HUR", il y a quelques années, que j'ai réalisé la valeur de ce détail de la parabole.

Souvenez-vous, si vous avez vu ce film, lorsque Ben HUR, devenu par adoption fils d'un notable romain, retourne à Jérusalem et se présente au palais du gouverneur romain. Il utilise pour rentrer dans le palais sa nouvelle identité romaine, qu'il prouve en donnant l'anneau, "le sceau" de sa famille à la garde romaine et immédiatement, son identité romaine est prouvée ! Quelle surprise pour son ancien ami devenu son pire ennemi lorsqu'il réalise que celui qu'il croyait mort depuis longtemps lui revient bien vivant et plein d'une nouvelle autorité due à son adoption !

En voyant cela, puis en faisant quelques recherches historiques, j'ai appris que l'anneau d'une famille (parfois un sceau) était à cette époque une preuve d'identité reconnue.

N'est-ce pas la raison pour laquelle Jésus nous précise dans cette parabole : "Mettez-lui un anneau au doigt" ?

En effet, pourquoi cette précision dans le texte s'il ne s'agissait de quelque chose d'important. Le Père ne se contente pas de le faire laver, habiller, chausser… des choses urgentes au vu de ce que le fils vient de vivre. Il lui rend l'anneau de sa famille, preuve de son identité et de toutes ses prérogatives de fils, avec l'autorité que cela implique sur les biens de la maison de son père !

Souvenez-vous du fils qui se dit alors qu'il est au fond du gouffre : *"je ne suis plus digne d'être appelé ton fils ; traite-moi comme l'un de tes ouvriers"*. Je suis sûr qu'en se disant cela, il se trouve très spirituel. Il a une notion humaine de la "justice" qui lui fait comprendre qu'il peut espérer en la grâce de son père, mais que celle-ci a ses limites, et que même s'il peut retourner chez lui pour être sauvé, il ne pourra plus jamais être considéré comme digne de confiance par son père.

Mais nous ne sommes pas appelés à être des serviteurs ! Nous sommes des fils et le Père n'a que faire de nos crises d'identité !

Dans Romain 8 : 15, il n'est pas dit en effet que nous avons été embauchés par Dieu, mais que nous avons été adoptés par Dieu : *"Et vous n'avez point reçu un esprit de servitude pour être encore dans la crainte ; mais vous avez reçu un Esprit d'adoption, par lequel nous crions : Abba! Père !"*

Une bonne compréhension de ce fait est primordiale si nous voulons être en mesure de rentrer dans toutes nos prérogatives d'enfants de Dieu. Notre autorité sur la maison de notre Père est conditionnée par le fait que nous soyons enfants de Dieu et que nous en prenions pleinement conscience.

Dieu aujourd'hui ne cherche pas à avoir plus de serviteurs, il a déjà les anges et toute la création pour le servir ; ce qu'il cherche, c'est de retrouver ses enfants ! De la Genèse à l'Apocalypse, la bible raconte l'histoire d'un Père qui veut retrouver ses enfants perdus !

Même si nous sommes appelés à servir Dieu, celui-ci nous considère bien au-delà d'un simple serviteur. Jésus le déclare dans Jean 15 : 15 *"Je ne vous appelle plus serviteurs, parce que le serviteur ne sait pas ce que fait son maître ; mais je vous ai appelés amis, parce que je vous ai fait connaître tout ce que j'ai appris de mon Père".*

Comme toutes les promesses de Dieu dans la Bible, celle-ci restera "potentielle" tant que nous ne nous en serons pas saisis ! Pour nous en empêcher, Satan nous ment depuis toujours sur notre identité. Demandez-lui donc :

Pour qui te prends-tu ?

Une des ruses favorites du diable est de nier cette adoption et donc l'autorité qui est attachée à notre statut d'enfant de Dieu. Il l'a fait avec Jésus, nous l'avons vu précédemment dans Mat 4 : *Si tu es vraiment le fils de Dieu* », il le fera donc aussi avec nous.

Puisque nous avons été séparés longtemps de Dieu, satan commence généralement en nous donnant une mauvaise image du Père, souvent à travers les défaillances de nos propres pères dans le naturel, mais aussi avec toute notre culture religieuse d'un Dieu dur et lointain.

Sa stratégie est vieille comme le monde. De tout temps, lorsqu'une civilisation a voulu en anéantir une autre, elle a fait en sorte de briser la continuité entre les générations en séparant les enfants de leurs parents afin de couper ceux-ci de leurs racines. L'histoire de Daniel et de ses compagnons dans la bible en est un exemple flagrant.

Nous pouvons constater à quel point le diable s'acharne sur la cellule familiale depuis des siècles. Il en résulte que des générations entières perdent de vue leurs racines.

En regardant le film « Joyeux Noël » sur les fraternisations entre ennemis dans les tranchées de la

Première Guerre mondiale, j'ai réalisé que cette boucherie était certainement en rapport avec cette stratégie. Pas une seule famille de France, d'Allemagne ou d'Angleterre n'a été épargnée. Un mort au moins dans chacune ! Combien d'enfants ont vu leur identité filiale ainsi volée ? Dieu avait certainement de grands desseins pour cette génération qui accédait aux moyens techniques de voir l'ensemble de la création évangélisé.

Cette situation de rupture se retrouve aussi dans l'église qui depuis bien trop longtemps a formé des chrétiens adultes, pleins de connaissance et de principes, plutôt que de former des chrétiens parents, pleins d'un amour inconditionnel pour leurs enfants spirituels.

Déconnectés du Père, il ne nous reste que notre identité charnelle pour nous construire. C'est pourquoi celle-ci est si présente, avec bien des problèmes, après des années de conversion.

Il nous faut dès lors absolument savoir…

L'avons-nous connu ?

Actes 9/2 à 5 : « *Cependant Saul, respirant encore la menace et le meurtre contre les disciples du Seigneur, se rendit chez le souverain sacrificateur, et lui demanda des lettres pour les synagogues de Damas, afin que, s'il trouvait des partisans de la nouvelle doctrine, hommes ou femmes, il les amène liés à Jérusalem. Comme il était en chemin, et qu'il approchait de Damas, tout à coup une lumière venant du ciel resplendit autour de lui. Il tomba par terre, et il entendit une voix qui lui disait : Saul, Saul, pourquoi me persécutes-tu ? Il répondit : qui es-tu, Seigneur ? Et le Seigneur dit : je suis Jésus que tu persécutes.* »

Nous avons tous entendu parler de cette conversion merveilleuse de Saul de TARSE qui deviendra quelque temps après l'Apôtre Paul et à qui nous devons les deux tiers du Nouveau Testament. En relisant ce texte, nous pouvons nous poser la question suivante : Comment se fait-il que cet homme, Saul de Tarse, membre du parti des pharisiens, ceux qui avaient certainement la plus grande connaissance des écritures à cette époque, qui était Juif, qui avait vécu à Jérusalem et étudié auprès d'un grand enseignant de l'époque, Gamaliel, qui était plein de zèle et de feu pour Dieu… Comment se fait-il que cet homme pose cette question : QUI ES-TU, SEIGNEUR ?

La réponse est claire, Saul a beaucoup étudié Dieu, mais ne l'a jamais connu !

Il est possible d'étudier pendant des années la vie de Chopin, son œuvre, son portrait psychologique, sa culture... mais si je vous pose la question : « l'avez-vous connu », vous me direz forcément non ! Chopin est mort bien avant que vous ou vos parents ou vos grands-parents ne soyez nés. Tout ce que vous pouvez faire, c'est l'étudier, et si un jour vous étiez face à Chopin, vous seriez incapable de le reconnaître !

Tout comme Saul fut incapable de reconnaître Christ lorsqu'il le rencontra sur la route de DAMAS !

Nous ne pouvons Re-Connaître que ce que nous avons déjà connu et que ceux qui nous sont contemporains, c'est-à-dire qui sont vivants en même temps que nous. Les autres, nous ne pouvons qu'étudier leur vie ou leurs œuvres.

J'aime étudier la vie des personnages de la Bible, particulièrement celle de ces héros de la foi qu'étaient David, Daniel, Paul...

Mais je n'ai aucune possibilité de les rencontrer, car ils sont bel et bien morts.

Mais je sais que je peux, et que je dois connaître Jésus, car lui est vivant !

Trop de gens aujourd'hui se contentent d'étudier la vie de Jésus, certains cherchent même à mettre en application de tout leur cœur les enseignements de ce dernier. Ils le prêchent, font des conférences à son sujet, étudient chacune de ses paroles, sondent l'histoire antique à la recherche de preuves de sa vie et de son œuvre, mais ils ne l'ont jamais rencontré. Les universités de théologie sont pleines de ces gens. Un ami à moi aux États-Unis a eu son Doctorat de théologie des années avant de rencontrer Jésus et d'entrer dans le ministère.

Nous pouvons lire dans l'évangile de Matthieu l'histoire de ces gens qui disent à Christ :

« *Seigneur, Seigneur, n'avons-nous pas prophétisé par ton nom ? N'avons-nous pas chassé des démons par ton nom ? Et n'avons-nous pas fait beaucoup de miracles par ton nom ?* »

Ces gens ont visiblement étudié le fonctionnement du miraculeux de Dieu, ils ont compris un certain nombre de choses qui leur ont permis de manifester la puissance du Royaume. Mais cela ne signifie pas qu'ils aient connu Christ puisque Jésus leur répondra : « *Je ne vous ai jamais connus, retirez-vous de moi, vous qui commettez l'iniquité* ». (Mat 7/22-23)

Comprenons que Jésus est moins intéressé par le fait que vous accomplissiez des miracles que par le fait de vous avoir connu.

Reprenons le cas de notre « ami » Chopin. Aujourd'hui, beaucoup de gens jouent du Chopin sur leur piano, c'est l'un des compositeurs les plus étudiés dans l'apprentissage de cet instrument, moi-même je peux fredonner certains de ses airs. Cela ne fait pas de moi l'ami de Chopin !

Souvenez-vous de cette histoire dans Actes 19/13 à 16 :

« Quelques exorcistes juifs ambulants essayèrent d'invoquer sur ceux qui avaient des esprits malins le nom du Seigneur Jésus, en disant : « Je vous conjure par Jésus que Paul prêche » » ! Ceux qui faisaient cela étaient sept fils de Scéva, juif, l'un des principaux sacrificateurs. L'esprit malin leur répondit : « Je connais Jésus, et je sais qui est Paul ; mais vous, qui êtes-vous » ? Et l'homme dans lequel était l'esprit malin s'élança sur eux, se rendit maître de deux d'entre eux, et les maltraita de telle sorte qu'ils s'enfuirent de cette maison nus et blessés. »

Ces gens avaient entendu parler d'un certain Jésus, et savaient qu'un certain Paul prêchait en son nom. Ils avaient aussi appris que la prédication de ce Paul était accompagnée de signes et de prodiges extraordinaires, dont celui de chasser les démons. Alors ils s'étaient dit que cette puissance pouvait servir leur métier d'exorciste et avaient étudié la méthode de Paul. Ils ont donc voulu utiliser le nom de Jésus !

Mais il ne pouvait pas y avoir autre chose dans leur cœur que de la cupidité, de l'égoïsme, de l'orgueil, car ils n'avaient pas connu celui qui change les cœurs !

Nous voyons comment cela s'est fini pour eux ! Oh, ils connaissaient la loi, ils l'avaient étudiée avec leur père, l'un des principaux sacrificateurs. Ils avaient même étudié Dieu… mais sans jamais le connaître !

Nous devons réaliser ce que signifie le verbe connaître utilisé par Christ. C'est le même terme utilisé dans la bible pour exprimer la relation sexuelle d'un homme et une femme. Par exemple : « Adam connut Ève, sa femme ; elle conçut, et enfanta Caïn ». Cette notion nous montre à quel point ce verbe implique une intimité absolue. Lorsque nous connaissons quelqu'un, au sens biblique du terme, nous ne faisons plus qu'un avec lui. Éphésiens 5 : 31 *« C'est pourquoi l'homme quittera son père et sa mère, s'attachera à sa femme, et les deux deviendront une seule chair. »*

Lorsque nous connaissons Christ, nous sommes censés devenir une seule chair avec lui. Ce qui implique que nous devenons l'empreinte de ce qu'il est. C'est comme si nous étions un miroir qui reflète sa gloire. Les gens doivent pouvoir discerner Christ en nous. Jésus affirmait qu'il connaissait le Père et que quiconque le voyait avez vu le Père. Lisons ensemble ce passage révélateur à ce sujet dans Jean 14 :

« Jésus lui dit : « Je suis le chemin, la vérité, et la vie. Nul ne vient au Père que par moi. Si vous me connaissiez, vous connaîtriez aussi mon Père. Et dès maintenant vous le connaissez, et vous l'avez vu. » Philippe lui dit : « Seigneur, montre-nous le Père, et cela nous suffit. » Jésus lui dit : « il y a si longtemps que je suis avec vous, et tu ne m'as pas connu, Philippe ! Celui qui m'a vu a vu le Père ; comment dis-tu, montre-nous le Père ? Ne crois-tu pas que je suis dans le Père, et que le Père est en moi ? Les paroles que je vous dis, je ne les dis pas de moi-même ; et le Père qui demeure en moi, c'est lui qui fait les œuvres. »

Nous comprenons là l'intimité absolue qu'il y a entre le Fils et le Père. En voyant l'un, nous découvrons l'autre. Cette unité entre le Père et le fils, Jésus prie pour qu'elle soit aussi le partage de ses disciples avec lui ! « *Je ne suis plus dans le monde, et ils sont dans le monde, et je vais à toi. Père saint, garde-les en ton nom que tu m'as donné, afin qu'ils soient un comme nous.* » Le fait d'être UN avec le fils nous rend participants à sa puissance, « *ils feront les mêmes choses que moi et même des plus grandes…* », mais aussi participants à sa gloire à venir, 1 Pierre 5:1.

Ceci nous réjouirait certainement de pouvoir nous arrêter là, mais nous sommes appelés à être aussi participants à son rejet !

« *Je leur ai donné ta parole ; et le monde les a haïs, parce qu'ils ne sont pas du monde, comme moi je ne suis pas du monde* ».

Nous reconnaissons théoriquement ceux qui ont connu Christ du fait qu'ils manifestent sa personne dans le monde. Lorsque l'on a donné le sobriquet de « chrétiens » aux disciples à Antioche, c'était par moquerie. On disait d'eux qu'ils étaient de petits Christ !

Que j'aimerais que les gens se moquent de moi parce qu'ils ont reconnu que j'étais comme un petit Christ ! ! ! C'est hélas rarement le cas.

De nos jours, il est difficile de faire la différence au premier regard entre ceux qui servent Christ et ceux qui ne le font pas. Bien sûr, nous trouvons ça et là un poisson sur une voiture, mais cela n'a jamais fait ressembler personne à Christ.

La vérité, c'est que nous hésitons souvent à nous faire reconnaître. Nous sommes les agents « trop secrets » au service de Sa Majesté. Mikaël BOND 007 ! Je suis en mission secrète… discrétion… discrètement discrète…

Le problème, c'est que cela n'a jamais été le plan de Dieu que vous soyez discrets. Le plan de Dieu, c'est que vous alliez à contre-courant de ce monde et que vous le bouleversiez !

Nous voulons nous sanctifier, mais discrètement. Nous ne voulons pas que les gens le sachent. C'est comme l'histoire si courante du jeune chrétien qui au lycée arrive au prix de grands efforts à résister au diable. Il se garde pur et a choisi de ne pas se laisser aller au flirt. Souvent, avec la grâce de Dieu, il y parvient. Mais quand ses camarades lui posent la question de savoir s'il est déjà sorti avec une fille, il dit que oui pour ne pas passer pour un imbécile ! Cela choquerait mes copains s'ils apprenaient que je vais à l'église, que je tiens à rester vierge jusqu'au mariage, etc.…

Ne pensez-vous pas que Jésus a choqué les hommes de sa génération ? Si vous avez connu Christ, vous devenez comme lui et vous allez obligatoirement choquer des gens.

L'évangile, nous dit la Bible, est une folie pour ce monde ! 1 Corinthiens 1 : 18 *« Car la prédication de la croix est une folie pour ceux qui périssent »*

« Ne choque personne », c'est l'arme par excellence de Satan ! Aujourd'hui, à chaque fois que j'entends dans mon cœur la petite phrase : « Vas-y mollo avec l'Évangile, attention de ne pas choquer », je sais d'où elle vient !

Attention, je ne dis pas que nous devons choquer pour choquer. Nous rôle est avant tout d'aimer les gens. Certaines personnes aiment choquer pour le plaisir de voir les gens choqués. Ils deviennent ainsi des pierres d'achoppement !

Mais sachons que nous ne pourrons pas éviter de choquer les gens si nous voulons que l'évangile soit prêché et que ces mêmes gens soient sauvés. Que préférez-vous, ne pas choquer les gens et les laisser partir tranquillement vers l'enfer ?

En réalité, notre problème vient du fait que nous avons peur d'être rejetés. La peur du rejet fait qu'aujourd'hui les chrétiens ressemblent de moins en moins au Christ. Nous n'hésitons pas à choquer certaines personnes avec notre tenue vestimentaire, avec notre langage... Nous sommes souvent des provocateurs lorsqu'il s'agit d'affirmer notre identité si celle-ci nous permet de nous intégrer dans un groupe de personnes que nous avons choisi. Notre désir de ne pas choquer n'est en fait qu'une excuse pour ne pas être mis en marge du groupe dans lequel nous avons rêvé de trouver notre place. L'idée de l'exclusion nous est tout simplement insupportable !

Pourtant, nous devrions nous y attendre si nous avons connu Christ, car Il nous a prévenus dès le commencement dans ce verset de Jean 16 : 2 et 3 : « *Ils vous excluront des synagogues ; et même l'heure vient où quiconque vous fera mourir croira rendre un culte à Dieu.*

Et ils agiront ainsi, parce qu'ils n'ont connu ni le Père ni moi. »

Lorsque nous avons connu le Seigneur, que nous demeurons en Lui et Lui en nous, nous commençons à Lui ressembler, ce qui implique que nous nous sanctifions par sa grâce, de plus en plus, et que nous mettons en œuvre de façon concrète notre salut. Nous allons donc suivre ses commandements, ce qui pour ceux qui ne les suivent pas devient rapidement insupportable.

1 Jean 2 : 3 *« Si nous gardons ses commandements, nous savons par cela que nous l'avons connu. »*

Combien de fois ai-je vu des amis se détourner de moi parce que je ne voulais plus me droguer, boire, voler ? J'en ai vu d'autres se détourner de moi, parfois au sein même de ma famille, parce que j'avais décidé d'aimer, comme Christ nous l'a commandé, un prochain qu'eux considéraient comme non aimable. Tu choisis, c'est lui ou nous !

Des gens qui m'étaient proches me sont devenus étrangers à cause de mon désir de ressembler à Christ, parce que cette ressemblance les confrontait à leurs péchés et faisait écho à leur conscience qui les accusait aussi.

Depuis qu'il a goûté à l'arbre de la connaissance du bien et du mal, l'homme essaie de l'oublier. Il veut faire taire sa conscience. Mais celle-ci se réveille à chaque fois qu'elle est confrontée à la manifestation de la grâce de Christ !

Parce que c'est bien cela qui choque les gens : Dieu fait grâce, alors que leur connaissance du bien et du mal les accuse. Ils ne supportent pas de vous voir libres de ces accusations alors qu'eux en restent esclaves !

Le fait d'avoir connu la grâce est le seul moyen de marcher en étant libre du péché. Colossiens 1 : 6 *« Il est au milieu de vous, et dans le monde entier ; il porte des fruits, et il s'accroît, comme c'est aussi le cas parmi vous, depuis le jour où vous avez entendu et connu la grâce de Dieu conformément à la vérité ».*

C'est le seul moyen d'être des « petits Christ ». Nous avons besoin de vivre cette intimité avec la grâce de Dieu si nous voulons être libres ! Il ne suffit pas de comprendre le mécanisme de la grâce, il faut que nous immergions en elle.

*« ... depuis le jour où vous avez **entendu et connu la grâce de Dieu** »*

Nous retrouvons dans l'Ancien Testament le mot grâce qui en hébreu se dit : « kheh'-sed » et se traduit dans la bible par bonté, miséricorde, fidélité, amour, grâce...

La grâce, nous le voyons, est la nature même de Dieu. Nous devons donc apprendre à connaître intimement la nature de Dieu, et nous pourrons dire que nous sommes connus de Lui.

Retrouver notre vraie identité !

Éphésien 4 : 20 à 24

*« Mais vous, ce n'est pas ainsi que vous avez appris le Christ, si du moins c'est bien lui que vous avez entendu et si c'est en lui que vous avez été instruits, conformément à la vérité qui est en Jésus ! Il s'agit de vous défaire de l'homme "ancien" qui correspond à votre conduite passée et qui périt sous l'effet des désirs trompeurs, d'être renouvelés par l'Esprit dans votre intelligence et de revêtir l'homme "nouveau", qui a été créé selon Dieu **dans la justice et la sainteté que produit la vérité.** ».*

Nous voyons qu'au-delà de notre corps et de notre nature humaine il existe aussi une personne spirituelle qui est là : Notre nouvelle nature. C'est cet homme nouveau qui est héritier de la vie éternelle et de l'autorité qui découle de son adoption.

C'est cet homme nouveau que nous devons apprendre à considérer en premier lieu si nous voulons être des chrétiens efficaces dans le royaume de Dieu.

Romains 12 : 2 *« Ne vous conformez pas au siècle présent, mais soyez transformés par le renouvellement de l'intelligence, afin que vous discerniez quelle est la volonté de Dieu, ce qui est bon, agréable et parfait ».*

Il nous est impossible, non seulement de plaire à Dieu, mais aussi d'entrer dans notre destinée avec des actes produits par notre vieille nature ! On peut toujours apprendre à cette dernière à chanter des chants chrétiens, à parler « en langues », à prier de façon bien évangélique, mais rien de tout cela n'est spirituel. Notre chair ne peut produire que des choses charnelles !

Ce qui plait à Dieu et qu'Il recherche avant tout, c'est la qualité de la relation avec ses enfants, acquise par Jésus à la croix. 2 Corinthiens 5 : 17 *« Si quelqu'un entre en **communion vivante** avec le Christ, il devient un homme nouveau, il est recréé. L'ancien état est dépassé. Ce qu'il était autrefois a disparu. La nouvelle création a déjà commencé ; voici : tout est devenu nouveau ».*

Tout le reste n'est que religion.

Qui sommes-nous aujourd'hui ?

Christ est la tête ! Nous sommes le corps !
Les démons sont sous les pieds de Jésus, ils sont donc sous nos pieds ! ALLÉLUIA !

Le Messie est couronné, il règne, assis à la droite du Père, mais son autorité repose aujourd'hui sur ses épaules « *Car un enfant nous est né, un fils nous est donné, et la domination reposera sur son épaule* » Esaïe 9 : 6-7.

Les épaules ne font pas partie de la tête, mais du corps. C'est sur le Corps de Christ, c'est-à-dire l'église, que repose la domination. Le terme hébreu traduit ici par domination, « misrah » signifie autorité, gouvernement !

Le but du diable est de mettre sur nos épaules des fardeaux qui nous lient afin que nous ne puissions pas exercer notre autorité. Mat.23.4. « *Ils lient des charges lourdes, difficiles à porter, pour les mettre sur les épaules des gens, mais eux-mêmes ne veulent pas les remuer du doigt.* »

Satan est bien plus conscient que nous de qui nous sommes ! Il sait qu'en qualité de fils et filles du Très-Haut, nous avons une autorité légitime sur l'ensemble des possessions de notre Père céleste. Matthieu 18 : 18

« Je vous le dis, tout ce que vous lierez sur la terre sera lié dans le ciel, et tout ce que vous délierez sur la terre sera délié dans le ciel ».

Cette autorité est là pour mettre en place les décrets du Royaume.

La Bible nous déclare dans Colossiens 1 : 18 *« Il est la tête du corps de l'Église ».*

Christ est la tête ! Nous sommes le corps ! Ceci implique que si les démons sont sous les pieds de Jésus, ils sont donc sous nos pieds ! Alléluia !

Le jour où j'ai compris que même si je n'étais qu'un bout de corne sur la plante des pieds de Jésus, ma position était toujours au-dessus de celle du diable et des démons, j'ai su que je pouvais marcher dans la victoire !

Alors que Christ est dans les cieux, à la droite du Père, il nous confie le gouvernement de son Royaume à établir et nous demande d'exercer l'autorité en son nom parce que nous avons aujourd'hui la même filiation divine que lui !

Dieu nous a réconciliés avec Lui en Jésus-Christ. Mais maintenant, il nous faut apprendre à être réconciliés avec nous-mêmes pour vivre une vie chrétienne épanouie.

Luc 10 : 27 *« Il répondit : Tu aimeras le Seigneur, ton Dieu, de tout ton cœur, de toute ton âme, de toute ta force et de toute ton intelligence, et ton prochain, comme toi-même* ».

Nous devons comprendre que nous ne pouvons pas aimer notre prochain tant que nous n'avons pas appris à nous aimer nous-mêmes, ce qui implique que nous soyons réconciliés avec notre identité.

Relevez-vous de vos Échecs !

« Or un après-midi, après s'être reposé, David se leva et alla se promener sur le toit en terrasse du palais. De là, il aperçut une femme qui se baignait. Elle était très belle. Il fit prendre des renseignements sur elle ; on lui dit : c'est Batchéba, la fille d'Éliam et la femme d'Uri le Hittite… Elle vint chez lui, il coucha avec elle et Batchéba devint enceinte. Elle en avertit David. Aussitôt, David adressa l'ordre suivant au général Joab : Envoie-moi Uri le Hittite. Puis il lui dit : va chez toi et prends un peu de repos. Uri quitta le palais et le roi lui fit envoyer un cadeau. Mais Uri ne se rendit pas chez lui ; il alla dormir en compagnie des soldats de la garde royale, près de l'entrée du palais. Le lendemain matin, David écrivit une lettre à Joab et la confia à Uri. Il y disait : placez Uri en première ligne, là où le combat est le plus violent, puis retirez-vous en le laissant seul, afin qu'il soit atteint par l'ennemi et qu'il meure. Lorsque Batchéba apprit que son mari était mort, elle prit le deuil. Mais quand le temps du deuil fut passé, David l'épousa et elle lui donna un fils. Mais ce que David avait fait déplut au Seigneur ; le Seigneur envoya donc le prophète Natan auprès de David. Et voici ce que déclare le Seigneur, le Dieu d'Israël : pourquoi m'as-tu méprisé en faisant ce qui me déplaît ? Tu as assassiné Uri le Hittite, puis tu as pris sa femme et tu l'as épousée. David répondit à Natan : je suis coupable envers le Seigneur, je le reconnais.
Seulement, dans cette affaire, tu as gravement offensé le Seigneur. C'est pourquoi ton enfant qui vient de naître mourra.

David supplia Dieu en faveur de l'enfant ; il se mit à jeûner, et, quand il rentrait chez lui, il passait la nuit couché à même le sol. Au bout d'une semaine, l'enfant mourut.
Alors David se releva de terre, se baigna, se parfuma et changea de vêtements ; puis il se rendit au sanctuaire pour y adorer le Seigneur. À son retour chez lui, il ordonna qu'on lui serve un repas et il mangea.
David alla consoler sa femme Batchéba et passa la nuit avec elle. Elle mit au monde un fils, qu'il appela Salomon. Le Seigneur l'aima ! » Extrait du deuxième livre de Samuel

Je suis sûr que comme moi vous avez lu l'histoire de David et de Batchéba, et je suis sûr que comme moi, vous vous êtes demandé comment un homme selon le cœur de Dieu, qui fut le plus grand roi d'Israël, a pu tomber dans une histoire aussi sordide.

N'importe quel tribunal aurait condamné David à mort ou au moins à la perpétuité ! Peut-être pas pour son adultère, mais en tout cas pour le meurtre prémédité qu'il avait commandité sur Uri !

Mais non seulement Dieu lui a fait grâce, mais en plus Il va bénir David et Batchéba ainsi que leur progéniture puisque celle-ci figure dans la généalogie de Christ ! (Matthieu 1).

En fait, ce que Dieu nous enseigne par cette histoire et ce qui semble important de recevoir de ce texte n'est pas le péché en lui-même, mais la façon dont David se relève de cette chute !

Un enfant de Dieu n'est pas une personne qui ne tombe jamais, en aucun cas quelqu'un de parfait. Un vrai enfant de Dieu se jauge à sa capacité de se relever après ses échecs !

Lorsque le diable vous tente et cherche à vous faire chuter, son but n'est pas le péché en lui-même ! Il sait très bien que tous les péchés passés et à venir sont lavés dans le sang de Jésus pour celui qui croit dans la grâce accordée par le Messie à la croix ! Non, son but est différent ! Il ne cherche qu'une chose : vous arrêter dans l'appel que Dieu a placé sur votre vie !

Dieu ne se repent pas de l'appel qu'Il a placé sur la vie de David, et beaucoup d'entre nous devraient y réfléchir à deux fois avant de condamner les serviteurs de Dieu qui chutent. N'oublions pas que nous serons jugés avec la même mesure que nous utilisons pour juger les autres !

Si Dieu ne se repent pas de son appel, pourquoi refuserions-nous à ceux qui sont tombés de se relever et de réintégrer leur service ?

Ensuite, pour celui qui est tombé, il faut impérativement qu'il considère la chose sous un angle constructif afin qu'à sa chute, il n'ajoute pas l'abandon du plan de Dieu pour sa vie !

Que serait devenu Israël si son Héros Josué avait rebroussé chemin à cause de sa défaite devant la cité d'Aï ? (Josué 7) ; si David le grand Roi, couvert de culpabilité, s'était laissé aller à la dépression et avait abandonné le trône ? (2 Samuel 11) Si Élie, après avoir vaincu les prophètes de BAAL, puis après avoir fui dans le désert devant Jézabel, ne s'était pas remis en marche ? (1 Rois 19) Si Pierre, après son demi-échec de promenade aquatique, était rentré chez lui reprendre son affaire de pêcheur ? (Matthieu 14) Si Paul, devant les interrogations de Juif et la remise en cause de son apostolat avait décidé d'ouvrir un camping ? (1 Corinthiens 9).

Tous ces gens ont eu des échecs et tous se sont relevés ! Ne faites pas le jeu du diable, car ce n'est que si vous ne vous relevez pas qu'il aura gagné !

Que le Seigneur vous bénisse dans votre nouvelle identité en Christ, que sa grâce vous conduise à la découvrir chaque jour un peu plus.

Fraternellement.

Ouvrage du même auteur :

Il me trouvera debout (épuisé)
Je te bâtirai une maison (épuisé)
Poursuivi par ta grâce

Roman :

J'étais ailleurs

Allé simple (à paraître)